Moderne Küche

Dr. Oetker

MOEWIG

Moderne Küche

Dr. Oetker

Gesunde Rohkost

MOEWIG

Alle Rezepte wurden in der Dr. Oetker-Versuchsküche ausprobiert und bieten die Garantie für gutes Gelingen. Dr. Oetker-Kochbücher sind deshalb Bestseller, weil die Rezepte mühelos nachgekocht werden können.

Verlagsunion Erich Pabel-Arthur Moewig KG, Rastatt

Lizenzausgabe mit Genehmigung des Ceres Verlages
Umschlagentwurf und -gestaltung: Werbeagentur Zeuner, Ettlingen
Umschlagfoto: Livio
Fotos im Innenteil: Ceres Verlag
Printed in France 1993
Druck und Bindung: Brodard & Taupin, La Flêche, Frankreich
ISBN 3-8118-7327-X

Inhalt

Kaltschalen und kalte Suppen

Kalte Gurkensuppe mit Pfefferkäse

Farbfoto auf Seite 33

1 mittelgroße Salatgurke (etwa 600 g)	schälen, halbieren, entkernen, in Stücke schneiden
1 Bund Dill	abspülen, trockentupfen, grob zerkleinern
1 Knoblauchzehe	abziehen, vierteln
120 g Pfefferkäse	in Stücke schneiden
	die vier Zutaten mit
125 ml (1/8 l) Schlagsahne	im Mixer pürieren, mit
Dillblättchen	garniert servieren.
Tip:	Warmes Baguette oder Roggenbrötchen und Butter dazureichen.

Zucchini-Kaltschale mit Tomaten

2–3 kleine Zucchini (etwa 300 g)	evtl. schälen, längs halbieren, die Zucchinihälften in feine Scheiben schneiden
3 Becher (je 150 g) Joghurt	mit
1 Becher (150 g) Crème fraîche	
125 ml (1/8 l) Milch	verrühren, den Zucchinischeiben,
300 g enthäutete, gewürfelte Tomaten	hinzufügen
1 Eßl. gehackte Minzeblättchen oder 1 Eßl. gehackte Estragonblättchen	
1 Teel. gehackten Dill	
1 Teel. gehackte Petersilie	unterrühren
1–2 Knoblauchzehen	abziehen, in kleine Würfel schneiden, unterrühren die Suppe mit
Salz	
Pfeffer	abschmecken, einige Stunden im Kühlschrank durchziehen lassen eine Glasschale mit
gewaschenen Salatblättern	auslegen, die Zucchini-Kaltschale einfüllen, nach Belieben
1 hartgekochtes Ei	pellen, hacken, über die Kaltschale streuen, mit
Minzezweigen	garnieren.
Beigabe:	Vollkornbrot und Butter oder in Butter geröstete Weißbrotscheiben.

Russische Suppe

(4–6 Portionen)

Farbfoto auf Seite 34

375 ml (3/8 l) Gurkensaft (frisch gepreßt aus etwa 1 ungeschälten Salatgurke)	mit
3 Bechern (je 150 g) saurer Sahne	verrühren
1/2 Salatgurke	waschen
1/2 rote Paprikaschote *1/2 grüne Paprikaschote*	
	die Paprikaschotenhälften entstielen, entkernen, die weißen Scheidewände entfernen, die Schotenhälften waschen
etwa 200 g Rote Bete (aus dem Glas)	abtropfen lassen
	die drei Zutaten in kleine Würfel schneiden
2 hartgekochte Eier	pellen, kleinhacken
2 Bund Schnittlauch	waschen, trockentupfen, kleinschneiden
	die Zutaten unter den mit der Sahne verrührten Gurkensaft rühren
	die Suppe mit
etwa 3 Eßl. Wodka *Salz* *frisch gemahlenem Pfeffer*	abschmecken, gut gekühlt servieren.

Knoblauchsuppe mit Trauben und Melone

Farbfoto auf Seite 35

2 Eßl. abgezogene, gemahlene Mandeln	
5–6 Eßl. Semmelmehl	
2–3 abgezogene, zerdrückte oder feingehackte Knoblauchzehen	mit einem elektrischen Handrührgerät verrühren, nach und nach
2–3 Eßl. Speiseöl	
1 Eßl. Essig	hinzufügen
250–375 ml (1/4–3/8 l) Wasser	hinzugießen, mit den Zutaten gut verrühren, mit
Salz	
Pfeffer	
Speisewürze	abschmecken
200 g Weintrauben	waschen, abtrocknen, halbieren, entkernen
etwa 200 g Melone	halbieren, das Fruchtfleisch mit einem Löffel aus der Schale kratzen, in Würfel schneiden
	beide Zutaten in die Suppe geben, sehr kalt, nach Belieben mit
Wassereiswürfeln (aus dem Gefrierfach)	servieren.

Gazpacho

Farbfoto auf Seite 36

2 Scheiben Weißbrot	in kaltem Wasser einweichen
1 rote und 1 grüne Paprikaschote	halbieren, entstielen, entkernen, die weißen Scheidewände entfernen, die Schoten waschen
½ Salatgurke	schälen
3 Tomaten	kurze Zeit in kochendes Wasser legen (nicht kochen lassen), in kaltem Wasser abschrecken, enthäuten
	die drei Zutaten in Stücke schneiden, mit dem gut ausgedrückten Weißbrot,
2 abgezogenen, zerdrückten Knoblauchzehen	im elektrischen Mixer pürieren, mit
Salz	
Pfeffer	würzen, nach und nach
3 Eßl. Speiseöl	hinzufügen, gut verrühren
	die Suppe mit
2–3 Eßl. Essig	
Speisewürze	abschmecken
	die Gazpacho sehr kalt servieren.

Erfrischende Melonenkaltschale

1 Honigmelone (etwa 1,2 kg)	quer halbieren, entkernen, das Fruchtfleisch mit einem Eßlöffel aus der Schale lösen, in einem elektrischen Mixer pürieren
250 ml (1/4 l) Weißwein *1–2 Eßl. Zucker* *3–4 Eßl. Zitronensaft*	hinzugeben
250 g blaue Weintrauben	waschen, halbieren, entkernen, in die Kaltschale geben, gut gekühlt servieren.

Gurkensuppe

1 kleine Salatgurke	schälen, fein hobeln oder in einem elektrischen Mixer pürieren, mit
Salz *Pfeffer* *1 abgezogenen, zerdrückten Knoblauchzehe*	würzen, zum Saftziehen stehen lassen
3 Becher Joghurt (je etwa 150 g)	dazugeben, unterrühren, mit
Speisewürze	abschmecken
feingehackte Petersilie	darüber streuen die Suppe sehr kalt, nach Belieben mit
Wassereiswürfeln (aus dem Gefrierfach)	servieren.

Wiener Beerenkaltschale

(4–6 Portionen)

750 g Beerenobst (z.B. Erdbeeren, Johannisbeeren, Himbeeren, Heidelbeeren, Brombeeren)	waschen, (Himbeeren nur verlesen), gut abtropfen lassen, entstielen das Obst vorsichtig mit
150 g gesiebtem Puderzucker *2 Eßl. Zitronensaft* *1 Eßl. Grand Marnier* *1 Messerspitze gemahlenem Zimt*	vermengen, zugedeckt 30 Minuten durchziehen lassen
1 l Dickmilch	unterrühren, die Kaltschale in Dessertgläser geben, mit
Vanilleeis	anrichten.

Erdbeerkaltschale

750 g Erdbeeren	waschen, gut abtropfen lassen, entstielen, die Erdbeeren im Mixer pürieren
2–3 Eßl. Zucker	hinzufügen, die Masse mit
250 ml (1/4 l) Orangensaft	verrühren, gut gekühlt servieren.

Buttermilch-Kaltschale

30 g Rosinen oder Korinthen	in lauwarmem Wasser ausquellen lassen, abtropfen lassen
1 l Buttermilch	mit
50 g geriebenem Schwarzbrot	
etwa 50 g Zucker	
etwas Zitronensaft	verschlagen, die Rosinen (Korinthen) hinzufügen, die Suppe abschmecken, kühl stellen.

Joghurtsuppe mit Krabben

(6–8 Portionen)

1 Salatgurke (300 g)	schälen, längs halbieren, entkernen, die Gurke in dünne Streifen schneiden
3 Becher (je 150 g) Joghurt	mit
1 Becher (150 g) saurer Sahne	
125 ml (1/4 l) Milch	verrühren, Gurkenstreifen
200 g frische gepulte Krabben	hinzufügen
1 Eßl. gehackte Minze	
1 Teel. gehackten Dill	
1 Teel. gehackte Petersilie	unterrühren
	die Suppe mit
Knoblauchwürze (flüssig)	
Salz	
Pfeffer	abschmecken.
Beigabe:	In Butter geröstete Weißbrotscheiben.

Kalte Tomatensuppe mit Avocadocreme

	Für die Tomatensuppe
1 kg Suppentomaten	waschen, klein schneiden, durch ein Sieb streichen
1 kleine Zwiebel	abziehen, reiben, beide Zutaten mit
6 Eßl. Olivenöl	
3 Eßl. Weinessig	verrühren, mit
Salz	
Pfeffer	abschmecken, kühl stellen
	für die Avocadocreme
1 große Avocado	schälen, entsteinen, grob zerkleinern
1 Knoblauchzehe	abziehen, zerdrücken, beide Zutaten mit
125 ml (1/8 l) Milch	
Saft von 1/2 Zitrone	
Zucker	
Salz	im Mixer pürieren, die Tomatensuppe in Suppenteller füllen, die Avocadocreme darauf geben, mit
Minzeblättchen	garnieren.

Dickmilch-Kaltschale

1 l Dickmilch	mit
200 ml Milch	
100 g Zucker	
½ gestrichenen Teel.	
gemahlenem Zimt	schaumig schlagen
50 g geriebenes	
Schwarzbrot	hinzufügen
	die Suppe mit
Zucker	
gemahlenem Zimt	abschmecken, kühl stellen.

Kalter Tomaten-Rettich-Schaum

500 g reife, weiche	
Fleischtomaten	waschen, zerkleinern, durch ein Sieb streichen, das aufgefangene Mus in einen Mixer füllen
1 großen, roten	
Rettich oder vier	
Bund Radieschen	putzen, waschen, hobeln
Salz	
Pfeffer	
250 g Crème fraîche	hinzufügen, zu einer cremigen Masse pürieren, den Schaum mit
Campari	
1 Eßl. Pfeffer-	
körnern	abschmecken, eisgekühlt servieren.
Tip:	Statt frischer Tomaten Tomatenpüree verwenden.

Gurken-Tomaten-Kaltschale

1 Salatgurke (etwa 375 g)	schälen, längs halbieren, die Kerne mit einem Löffel auskratzen, das Gurkenfleisch in Würfel schneiden, mit
Salz	bestreuen, etwa 5 Minuten stehen lassen
300 g Tomaten	waschen, abtrocknen, Stengelansätze herausschneiden, die Tomaten halbieren, entkernen, das Tomatenfleisch in Würfel schneiden
1 Becher (150 g) Crème fraîche	mit
1 Becher (500 g) Dickmilch	verrühren (falls die Masse zu dicklich ist, noch etwas Milch hinzugießen)
1 Knoblauchzehe	abziehen, durchpressen, mit
1 Eßl. gehackter Petersilie	unterrühren, mit Salz,
Pfeffer	abschmecken
	die Gurken- und Tomaten-Würfel in die Masse geben, kalt stellen.

Quark- und Käsegerichte

Olivendip

100 g schwarze Oliven	entsteinen, sehr fein hacken oder pürieren
1 Bund Basilikum	vorsichtig abspülen, trockentupfen, die Blättchen von den Stielen zupfen, fein hacken
2 große Knoblauchzehen	abziehen, durch die Knoblauchpresse geben die drei Zutaten mit
600 g Speisequark, 40% *4 Eßl. Tomatenmark* *4 Eßl. kaltgepreßtem Olivenöl*	verrühren, mit
Salz *frisch gemahlenem Pfeffer*	abschmecken.
Tip:	Zu rohem oder gedünstetem Gemüse, zu Krustentieren, gekochtem oder gebratenem kaltem Fleisch reichen.

Curryquark

1 weiche Banane	abziehen, mit einer Gabel zerdrücken, mit
Saft von 1/2 Zitrone *1 Packung (200 g) Speisequark, 40 %* *3 Eßl. Milch oder Schlagsahne* *1 Eßl. Currypulver* *2 Eßl. Mango-Chutney*	verrühren, mit
Salz *frisch gemahlenem Pfeffer*	würzen
50 g gesalzene Cashewnüsse	grob hacken, über den Dip streuen.
Tip:	Zu kaltem gekochtem oder geräuchertem Geflügelfleisch, hartgekochten Eiern, Chicorée, gebratenem Kasseler, Fleischfondue oder gegrilltem Fleisch reichen.

Avocado-Quark-Dip

	Für die Marinade
	den
Saft von 1 Zitrone	mit
Salz	
Pfeffer	
Cayennepfeffer	
Zucker	verrühren
1 große, reife Avocado	längs halbieren, entkernen, schälen
1 große enthäutete Fleischtomate	halbieren, den Stengelansatz herausschneiden beide Zutaten auf einer groben Reibe in die Marinade raspeln
1 Zwiebel	abziehen, fein reiben, mit
200 g Magerquark	
1 Teel. Paprika, edelsüß	
2 Eßl. gehackter Petersilie	unter die Marinade rühren
2 Eßl. geschälte Sonnenblumenkerne	in einer Pfanne ohne Fett goldgelb rösten, über den Dip streuen.
Tip:	Zu Fondue, Salatplatten, geröstetem Brot oder Gemüse reichen.

Grüner-Pfeffer-Dip

1 Packung (100 g) tiefgekühlten Spinat	bei Zimmertemperatur auftauen lassen
2 hartgekochte Eier	pellen, fein hacken beide Zutaten mit
2 Eßl. gemischten, gehackten Kräutern *1 Eßl. Kräuter-Senf* *2 Eßl. Kräuter-Essig*	verrühren
400 g Magerquark *1 Teel. eingelegten grünen Pfeffer (aus dem Glas)*	unterheben.
Tip:	Zu gekochtem oder gebratenem Rindfleisch, gekochten Eiern, in Folie gebakkenen Kartoffeln, Rohkost reichen.

Quarkremoulade

	Für die Mayonnaise
1 Eigelb	mit
1 Teel. Dijon-Senf	
1 Teel. Essig	
Salz	
frisch gemahlenem Pfeffer	
Zucker	
Worcestersoße	gut verrühren
125 ml (1/8 l) Speiseöl	nach und nach darunter schlagen
1 Zwiebel	abziehen, fein reiben
1 Gewürzgurke	in feine Würfel schneiden
	beide Zutaten mit
200 g Magerquark	
1 Bund gemischter gehackter Kräuter (z.B. Schnittlauch, Petersilie, Kerbel, Dill)	
1–2 Eßl. Kapern	unter die Mayonnaise rühren, mit
Essig	abschmecken.
Tip:	Zu Pellkartoffeln, gebackenen Folienkartoffeln, rohem Gemüse, hartgekochten Eiern, Roastbeef oder gekochtem Rindfleisch reichen.

Quarkdip mit Preiselbeeren

200 g Magerquark	mit
5 Eßl. Milch	verrühren
2 Eßl. Preiselbeeren (aus dem Glas)	mit
2 Teel. Senf	unterrühren, mit
Salz	
Zucker	abschmecken.
Tip:	Zu kaltem Rindfleisch, Geflügel oder Wild reichen.

Liptauer, hausgemacht

1 Zwiebel	abziehen
50 g Weißlacker Käse	
50 g Limburger Käse	
	die drei Zutaten in feine Würfel schneiden, mit
200 g Magerquark	
2 Eßl. Butter	
1 Eßl. Paprika, edelsüß	gut verrühren, kalt stellen.
Beigabe:	Vollkornbrot oder Stangenweißbrot.

Basilikumkäse

(Etwa 6 Portionen)

200 g bulgarischen Schafskäse	durch ein Sieb streichen, mit
150 g weicher Butter	
25 g geriebenem Parmesan-Käse	
125 ml (1/8 l) Sahne	zu einer geschmeidigen Masse verrühren
2 Bund Basilikum	waschen, trockentupfen, die Blätter von den Stielen zupfen, grob hacken
25 g gemahlene Pinienkerne	
	beide Zutaten unter die Käsemasse rühren, in eine mit kaltem Wasser ausgespülte Schüssel drücken, glattstreichen, 3–4 Stunden in den Kühlschrank stellen
	den Basilikumkäse auf einen Teller stürzen (Form evtl. kurz in heißes Wasser stellen)
50 g Pinienkerne	in einer Pfanne goldgelb rösten, abkühlen lassen, den Basilikumkäse damit bestreuen.
Beigabe:	Bauernbrot, Schwarzbrot.

Honigquark

400 g Speisequark, 40 %	mit
2 Eßl. Honig	
Saft von 1 Orange	
2 Eßl. Orangenlikör	verrühren
50 g Sesam	in
1 Teel. zerlassener Butter	goldbraun rösten, über den Honigquark streuen.
Tip:	Zu Schokoladenfondue, gegrillten Bananen, Obstsalat oder zu frisch gebackenen Waffeln reichen.

S. 33: Kalte Gurkensuppe mit Pfefferkäse (Rezept S. 9)
S. 34: Russische Suppe (Rezept S. 11)
S. 35: Knoblauchsuppe mit Trauben und Melone (Rezept S. 12)
S. 36: Gazpacho (Rezept S. 13)

Paprika-Quark-Sandwich

(Etwa 2 Portionen)

2 Scheiben Vollkornbrot (je 40 g)	mit
10 g Butter oder Margarine	bestreichen, mit
Schnittlauch	bestreuen
1 kleine rote Paprikaschote (125 g)	halbieren, entstielen, entkernen, die weißen Scheidewände entfernen, die Schote waschen, in Würfel schneiden (1 Eßl. davon zurücklassen), die restlichen Paprikawürfel mit
100 g Magerquark *½ Teel. Paprika, edelsüß*	verrühren, auf den Broten anrichten, mit den zurückgelassenen Paprikawürfeln,
1 Eßl. geschälten Sonnenblumenkernen	bestreuen.

S. 37: Hüttenkäsedip (oben; Rezept S. 53)
Stiltondip (unten; Rezept S. 45)
S. 38: Angemachter Liptauer Käse (Rezept S. 46)
S. 39: Tzatziki (Rezept S. 54)
S. 40: Eisbergsalat (Rezept S. 65)

Quarkspeise „Birne Helene“

250 g Magerquark	mit
100 ml Magermilch	
100 ml saurer Sahne	cremig rühren
2 Birnen	schälen, vierteln, entkernen, in Würfel schneiden mit
1 Eßl. Schokoladen-streuseln	
100 ml Birnensaft	
1 Päckchen Vanillin-Zucker	und der Quarkcreme vermengen.

Frühlingsbrot

(1 Portion)

2–3 Möhren (etwa 200 g)	putzen, schrappen, waschen
1 kleinen Apfel (100 g)	schälen, vierteln, entkernen beide Zutaten grob raspeln, miteinander vermengen, mit
Zitronensaft Apfelsaft	abschmecken
1 Scheibe (40 g) Schwarzbrot	mit
5 g Butter	bestreichen
100 g Hüttenkäse	darauf verteilen, den Möhren-Apfel-Salat darauf anrichten, das Brot mit
1 Zitronenscheibe Kresse	garnieren.

Avocadomus mit Käsecreme

	Für die Käsecreme
100 g Doppelrahm-Frischkäse	und
50 g Edelpilzkäse	durch ein feines Sieb streichen
1 Schalotte	abziehen, über dem Käse auspressen
Saft von ½ Zitrone	
125 ml (⅛ l) Tomatensaft	nach und nach darunterrühren, mit
Pfeffer	
Salz	abschmecken, die Käsecreme in das Gefrierfach des Kühlschranks stellen
1 Eiweiß	steif schlagen, unter die angefrorene Creme ziehen
	die Creme etwa 2 Stunden einfrieren
	für das Avocadomus
1 weiche Avocado	halbieren, schälen, entkernen
1 kleinen Apfel	schälen, vierteln, entkernen, mit Avocado,
Saft ½ Zitrone	im Mixer pürieren, mit
Salz	
Cayennepfeffer	würzen, mit der Käsecreme servieren.
Tip:	Dazu geröstetes Rosinenbrot reichen.

Stiltondip

Farbfoto auf Seite 37 (unten)

2–3 Frühlingszwiebeln	putzen, abziehen, waschen
1 Stengel Staudensellerie	putzen, waschen, harte Außenfäden abziehen beide Zutaten grob zerkleinern, pürieren, mit
3 Eßl. Portwein *100 g Crème fraîche* *125 ml (1/8 l) Schlagsahne*	verrühren
100 g Stilton-Käse	zerdrücken, unterrühren den Dip mit
Salz *frisch gemahlenem weißen Pfeffer*	abschmecken.
Tip:	Zu Blattsalaten und rohem Gemüse reichen.

Angemachter Liptauer Käse

Farbfoto auf Seite 38

2 Eßl. Kapern	hacken
1 Gewürzgurke	in kleine Würfel schneiden
1 Zwiebel	abziehen, würfeln
1–2 Bund Petersilie	abspülen, trockentupfen, fein hacken
600 g Liptauer Käse	mit den vier Zutaten,
125 ml (1/8 l) Milch	verrühren, mit
Salz	
Pfeffer	
Paprika, edelsüß	abschmecken
	den Liptauer Käse auf
Salatblättern	
Gurkenscheiben	anrichten, mit
Kapern	
gehackten Gewürz-gurken	bestreuen, mit
Tomatenachteln	
Petersilie	
eingelegten Pfeffer-schoten	garnieren.

Tip: Kümmel- oder Sesambrot dazureichen.

Obazter

1 mittelgroße Zwiebel	abziehen, fein würfeln
1 Bund Schnittlauch	abspülen, trockentupfen, fein schneiden
400 g reifen Camembert	mit einer Gabel zerdrücken, Zwiebelwürfel, Schnittlauchröllchen,
75 g weiche Butter	
1 Teel. Kümmel	untermengen, mit
Rosenpaprika	abschmecken.
Tip:	Kräftiges Brot oder Kümmelstangen dazureichen.

Gefüllte Datteln

250 g Frischkäse	mit
125 ml (1/8 l) Schlagsahne	cremig rühren
4–5 Eßl. Mango-Chutney	
1 Teel. Currypulver	unterrühren
etwa 500 g Datteln (frisch oder getrocknet)	entsteinen, abspülen oder enthäuten, die Käsecreme in einen Spritzbeutel mit feiner Stern- oder Lochtülle füllen, in die Datteln spritzen.
Tip:	Gefüllte Datteln als Vorspeise oder Garnitur für Braten und Reissalate beim kalten Büfett verwenden.

Leichte Quarkmayonnaise

1 Eigelb	mit
1 Teel. Dijon-Senf	
1 Teel. Weinessig	gut verrühren
200 g Magerquark	
1 Eßl. Leinöl	unterrühren, mit
Salz	
frisch gemahlenem Pfeffer	würzen.
Tip:	Zu Rohkost und Gemüsesalaten reichen.

Quarkbrot mit Radieschen

(1 Portion)

1 Bund Radieschen (250 g mit Grün)	putzen, waschen die Hälfte der Radieschen fein hacken, die restlichen in dünne Scheiben schneiden
125 g Magerquark	mit
1 Eßl. Dosenmilch 1 Eßl. feingeschnittenem Schnittlauch	verrühren, mit
Salz Pfeffer	würzen die gehackten Radieschen und ⅔ der Radieschenscheiben unterheben
1 Scheibe (30 g) Graham-Brot	mit
5 g Butter oder Margarine	bestreichen, den Radieschenquark darauf verteilen, das Brot mit den restlichen Radieschenscheiben,
Radieschenröschen	garnieren, mit
feingeschnittenem Schnittlauch	bestreuen.

Quarkrelish

2 Tomaten	waschen, abtrocknen, die Stengelansätze herausschneiden
2 mittelgroße rote Äpfel	waschen, abtrocknen, halbieren, entkernen
2 Pellkartoffeln	pellen die drei Zutaten in Würfel schneiden
1 kleine Zwiebel	abziehen, würfeln, mit
kochendheißem Wasser	übergießen, 5–10 Minuten stehen lassen, zum Abtropfen auf ein Sieb geben
6 Cornichons	in Scheiben schneiden die fünf Zutaten vorsichtig mit
400 g Magerquark *1 Teel. Meerrettich* *1/2 Teel. Paprika, edelsüß* *2 Eßl. Kapern*	verrühren, mit
Salz *frisch gemahlenem Pfeffer*	abschmecken
1 Kästchen Kresse	abspülen, trockentupfen, die Blättchen abschneiden, über das Quarkrelish streuen.
Tip:	Zu Fleischfondue, gekochtem Fleisch, Heringsfilet oder Pellkartoffeln servieren.

Schinken-Quark-Sandwich

(Etwa 2 Portionen)

2 große Scheiben Vollkornbrot	mit
10 g Butter	bestreichen, mit
gewaschenen Salatblättern	belegen
1 große Tomate	waschen, abtrocknen, den Stengelansatz herausschneiden, die Tomate in Scheiben schneiden, auf den Salatblättern verteilen
200 g gekochten Schinken	fein würfeln, mit
1 Packung (200 g) Speisequark, 20 %	vermengen, mit
Salz	
Pfeffer	
Zwiebelsalz	würzen, auf den Broten anrichten, mit
feingeschnittenem Schnittlauch	bestreut servieren.

Kräuterquark

1–2 Zwiebeln	abziehen, fein reiben, mit
1 Packung (200 g) Speisequark, 40 % *1–2 Eßl. Milch* *2–3 schwach gehäuften Eßl. Crème fraîche*	verrühren, mit
Salz *frisch gemahlenem weißem Pfeffer*	würzen
3–4 Eßl. gehackte Kräuter (Schnittlauch, glatte Petersilie, Dill, Kerbel)	unterrühren den Kräuterquark nach Belieben auf
gewaschenen Salatblättern	anrichten.
Beigabe:	Radieschen, roher Staudensellerie oder rohe Paprikaschoten, Pellkartoffeln oder gebackene Folien-Kartoffeln.

Hüttenkäsedip

Farbfoto auf Seite 37 (oben)

100 g Staudensellerie	schälen, waschen, in feine Würfel schneiden
1 Bund Schnittlauch	abspülen, trockentupfen, fein schneiden
	beide Zutaten mit
150 g Hüttenkäse	
75 g Joghurt	
2 Eßl. Sherry medium	verrühren
	den Dip mit
Salz	
frisch gemahlenem weißem Pfeffer	abschmecken, mit
feingeschnittenem Staudensellerie	
Schnittlauchröllchen	bestreut servieren.
Tip:	Zu Pellkartoffeln reichen.

Tzatziki
Gurken-Joghurt-Dip

Farbfoto auf Seite 39

500 g Salatgurken	waschen, halbieren, die Kerne entfernen, das Gurkenfleisch fein würfeln oder raspeln
500 g Joghurt oder saure Sahne *1 abgezogene, feingehackte Knoblauchzehe*	hinzufügen, gut verrühren, mit
2 Eßl. feingehackter Minze *Olivenöl* *Salz*	abschmecken
	in einer Schüssel anrichten, mit
schwarzen Oliven *Petersiliensträußchen*	garnieren.

Tomaten-Quark-Dip

500 g Fleischtomaten	kurze Zeit in kochendes Wasser legen (nicht kochen lassen), in kaltem Wasser abschrecken, enthäuten, die Stengelansätze herausschneiden, die Tomaten halbieren, entkernen, in Würfel schneiden, mit
400 g Magerquark *1 Teel. grünem Pfeffer (aus dem Glas)*	verrühren, in einen tiefen Teller geben
5–6 Stengel Staudensellerie	putzen, die Stengel waschen, gut abtropfen lassen, evtl. halbieren, in etwa 10 cm lange Stücke schneiden von
1 Staude Chicorée	die äußeren Blätter entfernen, den Strunk keilförmig herausschneiden, den Chicorée in Blätter teilen, waschen, gut abtropfen lassen beide Zutaten mit dem Dip anrichten.

Bunter Käsesalat

250 g Emmentaler Käse	in kleine Würfel schneiden
1–2 Bund Radieschen	putzen, waschen, in dünne Scheiben schneiden
200 g gekochten Schinken	in Streifen schneiden
1 mittelgroße Salatgurke	schälen, der Länge nach halbieren, entkernen, in Würfel schneiden
	für die Salatsoße
2 Eßl. Salatöl	mit
1 Teel. Essig-Essenz (25 %)	
4 Teel. Wasser	verrühren, mit
Salz	
Pfeffer	
Zucker	abschmecken, mit den Salatzutaten vermengen, gut durchziehen lassen, den Salat evtl. mit Salz, Pfeffer abschmekken, mit
2 Eßl. gehackter Petersilie	bestreuen.

Gurken-Quark-Sandwich

(Etwa 2 Portionen)

2 Scheiben Vollkornbrot (je 40 g)	mit
10 g Butter oder Margarine	bestreichen, mit
feingehacktem Dill	bestreuen
1/4 Salatgurke (150 g)	schälen, in dünne Scheiben schneiden, schuppenartig auf den Broten anrichten, mit
Salz	
Pfeffer	bestreuen
1/2 Packung (100 g) Knoblauch-Quark	darauf anrichten, mit
Zwiebelringen	garnieren.

Apfel-Quark-Sandwich

(Etwa 2 Portionen)

2 Scheiben Vollkorn-brot (je 40 g)	mit
10 g Butter oder Margarine	bestreichen mit
gewaschenen Salat-blättern	belegen
2 Stengel Staudensel-lerie	putzen, harte Fäden an der Außenseite der Stengel abziehen, die Stengel waschen, in feine Streifen schneiden
1 großen Apfel (150 g)	waschen, halbieren, entkernen, in Würfel schneiden, Staudenselleriestreifen und Apfelwürfel mit
200 g Magerquark *1 Teel. geriebenem Meerrettich*	vermengen, auf den Broten anrichten mit
1 Eßl. Kapern	bestreuen nach Belieben mit
Staudenselleriegrün	garnieren.

Gemüsegerichte und Salate

Möhren-Mairüben-Rohkost

400 g Möhren *300 g Mairüben*	beide Zutaten putzen, schrappen, waschen, grob raspeln, mit
1 Eßl. gehacktem Dill *1 Eßl. feingeschnittenem Schnittlauch*	vermengen
	für die Soße
2 Eßl. Salatöl	mit
2 Eßl. Kräuteressig *Salz* *Pfeffer*	verrühren, die Soße mit den geraspelten Wurzeln vermengen, kurz durchziehen lassen, mit Salz, Pfeffer abschmecken eine Schüssel mit
gewaschenen Salatblättern	auslegen, die Rohkost darauf geben mit
Dillzweigen	garnieren.

Elsässer Käsesalat

2–3 Zwiebeln	
(etwa 100 g)	abziehen, halbieren
150 g Salatgurke	waschen
100 g Salami	enthäuten
100 g Gouda	
	die vier Zutaten in feine Streifen schneiden
	für die Salatsoße
4–5 Eßl. Olivenöl	mit
3 Eßl. Weißweinessig	verrühren
1 Knoblauchzehe	abziehen, zerdrücken, unterrühren, mit
Salz	
Pfeffer	abschmecken, mit den Salatzutaten vermengen
	den Salat etwa 1 Stunde durchziehen lassen, auf
Salatblättern	anrichten, mit
Gurkenscheiben	
Zwiebelringen	
Kresseblättchen	garnieren.

Bauernsalat mit Räucherkäse

2 Paprikaschoten	halbieren, entstielen, entkernen, die weißen Scheidewände entfernen, die Schoten waschen, in feine Streifen schneiden
2 Zwiebeln	abziehen, in dünne Scheiben schneiden
150 g Fleischwurst	enthäuten, in Streifen schneiden
400 g Räucherkäse	in Würfel schneiden
150 g Senfgurken	in Streifen schneiden
	für die Salatsoße
2 Knoblauchzehen	abziehen, zerdrücken, mit
10 Eßl. Olivenöl	
6 Eßl. Essig	
1 Eßl. mildem Senf	verrühren, mit
Salz	
Pfeffer	
gerebeltem Oregano	abschmecken, mit den Salatzutaten vermengen
	den Salat etwa 1 Stunde durchziehen lassen.

Avocadoplatte

(6 Portionen)

3 kleine Avocados	halbieren, entkernen, schälen, in dünne Spalten schneiden
4 kleine Zwiebeln	abziehen, in Ringe schneiden
½ Salatgurke	waschen, abtrocknen, in Scheiben schneiden
4 große Tomaten	waschen, halbieren, in Scheiben schneiden, die Stengelansätze entfernen
2 rote Paprikaschoten	halbieren, entstielen, entkernen, die weißen Scheidewände entfernen, die Schoten waschen, in Streifen schneiden
2 kleine Pfefferschoten	waschen, abtrocknen, in sehr dünne Ringe schneiden
	für die Salatsoße
2 Becher (300 g) Crème fraîche	mit
1 Becher (200 g) Joghurt *1 Teel. Essig-Essenz (25 %)* *1–2 Eßl. Milch* *1 abgezogenen, zerdrückten Knoblauchzehe*	verrühren, mit
Salz *Cayennepfeffer* *Zucker* *Tabasco*	abschmecken
1 Bund kleingeschnittenen Dill	unterrühren, Salatzutaten anrichten, Salatsoße darüber geben.

Eisbergsalat

Farbfoto auf Seite 40

	Von
1 mittelgroßen Kopf Eisbergsalat	evtl. welke Blätter entfernen, die anderen vom Strunk lösen, in mundgerechte Stücke zerpflücken, waschen, gut abtropfen lassen oder trockenschleudern
2 Orangen	schälen, filieren
	für die Salatsoße
1 Becher (150 g) Joghurt *1 Teel. Salatöl* *1 Teel. Essig-Essenz (25 %)* *4 Teel. Wasser*	verrühren, mit
Salz *Zucker*	abschmecken die Salatzutaten mit der Soße vermengen.

Zucchini-Tomaten-Salat

3 Zucchini (etwa 500 g)	schälen, längs halbieren, in sehr dünne Scheiben schneiden
4 mittelgroße Tomaten	kurze Zeit in kochendes Wasser legen, in kaltem Wasser abschrecken, enthäuten, in dünne Scheiben schneiden die Blättchen von
1 Kästchen Kresse	abschneiden, waschen, abtropfen lassen
	für die Salatsoße
3 schwach gehäufte Eßl. Joghurt	mit
4 Eßl. Sahne	
1 Teel. Essig-Essenz (25 %)	verrühren
1 mittelgroße, abgezogene, geriebene Zwiebel	unterrühren, mit
Salz	
geschrotetem schwarzem Pfeffer (aus der Mühle)	
Ingwerpulver	abschmecken, mit den Salatzutaten vermengen, auf
gewaschenen Salatblättern	anrichten, sofort servieren.

Gurkensalat Thullier

2 Salatgurken	schälen, längs halbieren, entkernen
500 g Tomaten	waschen, halbieren, die Stengelansätze entfernen, die Tomaten entkernen beide Zutaten in kleine Würfel schneiden
1–2 Eßl. Salatöl	mit
etwas Zitronensaft	verrühren, mit
Pfeffer	abschmecken, über die Salatzutaten geben, etwa 2 Stunden durchziehen lassen
	für die Salatsoße
4 gehäufte Eßl. Salatmayonnaise	mit
gehacktem Kerbel	
gehacktem Estragon	verrühren, mit
Salz	
Pfeffer	abschmecken, mit den Salatzutaten vermengen
	den Salat auf
gewaschenen Salatblättern	anrichten, mit
gehacktem Ei	
gehackter Petersilie	bestreuen.

Endivien-Apfel-Salat

	(6 Portionen)
	Von
1 mittelgroßen Kopf Endiviensalat	Wurzeln und äußere Blätter abschneiden, den Kopf halbieren, in Streifen schneiden, sorgfältig waschen, gut abtropfen lassen
2 säuerliche Äpfel	schälen, vierteln, entkernen, in dünne Scheiben oder Streifen schneiden
	für die Salatsoße
4–5 Eßl. Salatöl	mit
1 Teel. Essig-Essenz (25 %)	
4 Teel. Wasser	verrühren, mit
Salz	
Pfeffer	
Zucker	abschmecken, mit den Salatzutaten vermengen
	den Salat sofort servieren.

Kressesalat

4 Kästchen Kresse	putzen, waschen, abtropfen lassen
1 Apfel	schälen, vierteln, entkernen, in kleine Scheiben schneiden, mit der Kresse vermengen
	für die Salatsoße
10 Eßl. Sahne	mit
1 Eßl. Weißwein	
1 Teel. Zitronensaft	etwas anschlagen, mit
Salz	
Pfeffer	
Zucker	abschmecken, über den Salat geben.

Kohlrabi-Radieschen-Salat

4 kleine Kohlrabi	schälen, waschen, grob raspeln
2 Bund Radieschen	putzen, waschen, evtl. halbieren, in dünne Scheiben schneiden
	für die Salatsoße
4 Eßl. Salatöl	mit
1 Eßl. Essig-Essenz (25 %)	
4 Eßl. Wasser	verrühren, mit
Salz	
Pfeffer	
Zucker	abschmecken, mit den Salatzutaten vermengen, kurz durchziehen lassen, den Salat evtl. mit Salz, Pfeffer, Zucker abschmecken.

Salat mit Portweinsoße

	(4–6 Portionen)
	Von
1 kleinen Kopf Eisbergsalat	evtl. welke Blätter entfernen, die anderen vom Strunk lösen, in mundgerechte Stücke zerpflücken, waschen, gut abtropfen lassen oder trockenschleudern
½ Salatgurke	waschen, abtrocknen, längs halbieren, in Scheiben schneiden
150 g kleine Champignons	putzen, waschen, halbieren, mit
Zitronensaft	beträufeln
3 Tomaten	waschen, abtrocknen, achteln, die Stengelansätze entfernen
2 hartgekochte Eier	pellen, achteln
½ Kästchen Kresse	putzen, waschen, abtropfen lassen
	für die Salatsoße
6 Eßl. Salatöl	mit
2 Teel. Essig-Essenz (25 %)	
3–4 Eßl. Portwein	verrühren, mit
Salz	
Pfeffer	
getrocknetem Estragon	abschmecken, mit den Salatzutaten vermengen, kurz durchziehen lassen.

Spinatsalat

(4–6 Portionen)

150 g Champignons	putzen, waschen, in Scheiben schneiden
	für die Marinade
1 Teel. Essig	mit
2 Eßl. Salatöl	
2 Eßl. Wasser	
Salz	
Pfeffer	
Zucker	verrühren, mit den Champignons vermengen, gut durchziehen lassen
150 g jungen Spinat	gründlich waschen, evtl. zerpflücken, dicke Stiele entfernen, den Spinat nochmals waschen, gut abtropfen lassen
150 g Fleischwurst (im Stück)	enthäuten, in Streifen schneiden
3 hartgekochte Eier	pellen, achteln
	für die Salatsoße
1 Zwiebel	abziehen, in feine Würfel schneiden, mit
3 Eßl. Salatöl	
2 Teel. Essig-Essenz (25 %)	
2 Eßl. Wasser	verrühren, mit
Salz	
Pfeffer	
Zucker	abschmecken, mit den Salatzutaten (Champignons abtropfen lassen) vermengen, gut durchziehen lassen
100 g durchwachsenen Speck	in Würfel schneiden, in
2 Eßl. Salatöl	auslassen, etwas abgekühlt über den Salat geben, sofort servieren.

Salat Bonne Claire

3 Zucchini (etwa 500 g)	evtl. schälen, längs halbieren, in sehr dünne Scheiben schneiden
3–4 mittelgroße Tomaten	kurze Zeit in kochendes Wasser legen (nicht kochen lassen), in kaltem Wasser abschrecken, enthäuten, in dünne Scheiben schneiden, die Stengelansätze entfernen
1 Kästchen Kresse	putzen, waschen, abtropfen lassen
	für die Salatsoße
2–3 Eßl. Joghurt	mit
4 Eßl. Sahne *1 Teel. Essig-Essenz (25 %)* *1 abgezogenen, geriebenen Zwiebel*	verrühren, mit
Salz *geschrotetem schwarzem Pfeffer* *Ingwerpulver*	abschmecken, mit den Salatzutaten vermengen, den Salat auf
gewaschenen Salatblättern	anrichten, sofort servieren.

Feldsalat mit Krabben

250 g Feldsalat	putzen, größere Blätter evtl. einmal durchschneiden, gründlich waschen, abtropfen lassen oder trockenschleudern
250 g rote Zwiebeln	abziehen, in sehr feine Ringe schneiden
250 g Krabbenfleisch	
	für die Salatsoße
6 Eßl. Salatöl	mit
1/2 Teel. Essig-Essenz (25 %)	
6 Teel. Wasser	verrühren, mit
Salz	
Pfeffer	
Zucker	abschmecken
1 Bund feingeschnittener Schnittlauch	
1 Bund feingehackte Petersilie	beide Zutaten unterrühren, mit den Salatzutaten vermengen, den Salat sofort servieren.

Orangen-Chicorée-Salat

2–3 Orangen	schälen, in Würfel schneiden
4–5 Chicorée	
(etwa 500 g)	von den schlechten Blättern befreien, längs halbieren, den Strunk keilförmig herausschneiden, die Chicorée waschen, in etwa ½ cm breite Streifen schneiden, gut abtropfen lassen
	für die Salatsoße
1 Eßl. Salatöl	mit
2 Eßl. Joghurt	
etwa 1 Eßl.	
Zitronensaft	verrühren, mit
Salz	
Pfeffer	
Zucker	abschmecken, mit den Salatzutaten vermengen, den Salat evtl. mit Salz, Pfeffer, Zucker abschmecken.

Hüttensalat

1 Becher (350 g) Hüttenkäse	in die Mitte einer großen, runden Platte geben
4 hartgekochte Eier	pellen, vierteln, um den Käse legen
1 Bund Radieschen	putzen, waschen, in Scheiben schneiden
250 g Tomaten	waschen, abtrocknen, in Scheiben schneiden, die Stengelansätze entfernen
1 grüne Paprikaschote	halbieren, entstielen, entkernen, die weißen Scheidewände entfernen, die Schote waschen, in Streifen schneiden
1 Kästchen Kresse	putzen, waschen, abtropfen lassen
	die Salatzutaten um die Eier herum anrichten
	für die Salatsoße
1 Zwiebel	abziehen, in feine Würfel schneiden, mit
3 Eßl. Salatöl	
1 Eßl. Essig-Essenz (25 %)	
4 Eßl. Wasser	verrühren, mit
Salz	
Pfeffer	
Zucker	abschmecken, über den Salat geben, mit
2 Eßl. gehackten Kräutern (z.B. Petersilie, Schnittlauch, Estragon, Dill)	bestreuen.

Radicchio mit Feldsalat

150 g Radicchio	auseinanderpflücken
100 g Feldsalat	putzen, größere Blätter evtl. einmal durchschneiden beide Zutaten waschen, abtropfen lassen oder trockenschleudern
	für die Salatsoße
1 Zwiebel	abziehen, in Würfel schneiden, mit
4–5 Eßl. Salatöl	
1 Teel. Kräuter-Essig-Essenz (25 %)	
4 Teel. Wasser	verrühren, mit
Salz	
Pfeffer	
Zucker	abschmecken
1 Teel. gehackte Petersilie	
1 Teel. feingeschnittenen Schnittlauch	unterrühren, mit den Salatzutaten vermengen.

Griechischer Tomatensalat

500 g Tomaten	waschen, abtrocknen, in dünne Scheiben schneiden, die Stengelansätze entfernen, die Tomaten mit
etwa 15 Oliven	
150 g zerbröckeltem Schafskäse	in einer Glasschale anrichten
	für die Salatsoße
1 Zwiebel	abziehen, in Würfel schneiden, mit
3 Eßl. Salatöl	
2 Eßl. Zitronensaft	verrühren
3 gehackte Minzblätter oder 1 Eßl. gehackte Kräuter (z.B. Petersilie, Schnittlauch, Estragon)	unterrühren, mit
Salz	
gemahlenem Pfeffer	abschmecken, über die Salatzutaten geben den Salat kurz durchziehen lassen.

Rettichsalat

2 große weiße Rettiche (etwa 400 g)	gründlich waschen, schälen, in hauchdünne Scheiben schneiden, reichlich mit
Salz	bestreuen, gut vermengen, zugedeckt etwa 10 Minuten durchziehen lassen
1 großen säuerlichen Apfel	waschen, abtrocknen, vierteln, entkernen, in dünne Scheiben schneiden, mit
Zitronensaft	beträufeln
1/2 Salatgurke	waschen, abtrocknen, evtl. schälen, in dünne Scheiben schneiden, von den Rettichscheiben das Wasser abgießen, Apfel- und Gurkenscheiben mit den Rettichscheiben vermengen
	für die Salatsoße
1 Becher (150 g) Crème fraîche	mit
1 Teel. gerebelten Dillspitzen	verrühren, mit
Zitronensaft	
Salz	abschmecken, mit den Salatzutaten vermengen den Salat sofort servieren.

Pilzsalat Richard

500 g Champignons	putzen, waschen, in dünne Scheiben schneiden, mit
Zitronensaft	beträufeln
	für die Salatsoße
3 Eßl. Salatöl	mit
2 Teel. Worcestersoße	
1 Eßl. Sojasoße	verrühren, mit
Salz	
geschrotetem	
schwarzem Pfeffer	abschmecken, mit den Pilzscheiben vermengen, etwa 1 Stunde durchziehen lassen, den Salat mit
1–2 Eßl. gehackter	
Petersilie	bestreuen.

Wirsingsalat mit Speck

	Von
500 g Wirsing (vorbereitet gewogen)	die welken äußeren Blätter entfernen, den Kopf vierteln, den Strunk herausschneiden, den Kohl in sehr feine Streifen schneiden, waschen, gut abtropfen lassen
1 grüne Paprikaschote	halbieren, entstielen, entkernen, die weißen Scheidewände entfernen, die Schote waschen, in kleine Würfel schneiden
	für die Salatsoße
1 Zwiebel	abziehen, in Würfel schneiden, mit
1½ Eßl. Essig-Essenz (25 %) *8 Eßl. Wasser*	verrühren, mit
Salz *Pfeffer* *Zucker*	abschmecken, mit den Salatzutaten vermengen, etwa ½ Stunde durchziehen lassen
80 g durchwachsenen Speck	in Würfel schneiden, auslassen, heiß über den Salat geben den Salat gut vermengen, evtl. mit Salz, Pfeffer, Zucker abschmecken.

Spinat-Apfel-Salat

Etwa 300 g Spinat	waschen, evtl. zerpflücken, dicke Stiele entfernen, den Spinat nochmals waschen, gut abtropfen lassen
1–2 Äpfel	schälen, vierteln, entkernen, in Würfel schneiden
	für die Salatsoße
1 Becher (150 g) Joghurt	mit
1 Teel. Kräuter-Essig-Essenz (25 %) *4 Teel. Wasser* *feingeschnittenem Schnittlauch*	verrühren, mit
Salz *Pfeffer* *Zucker*	abschmecken
2 hartgekochte Eier	pellen, fein hacken, unter die Soße rühren, mit den Salatzutaten vermengen, kurz durchziehen lassen, den Salat evtl. mit Salz, Pfeffer, Zucker abschmecken.

Chinakohlsalat

(6 Portionen)

750 g Chinakohl	putzen, halbieren, in schmale Streifen schneiden, waschen, gut abtropfen lassen
	für die Salatsoße
50 g Doppelrahm-Frischkäse	mit
2 Eßl. Crème fraîche *1 Teel. Essig-Essenz (25 %)* *4 Teel. Wasser*	verrühren, mit
Salz *Pfeffer* *Zucker*	abschmecken
1 Eßl. gehackte Petersilie *1 Eßl. geschnittenen Schnittlauch*	unterrühren den Kohl kurz vor dem Anrichten mit der Soße vermengen, den Salat evtl. mit Salz, Pfeffer, Zucker abschmecken.

Spinatsalat mit Roquefort

(6 Portionen)

375 g jungen Spinat	gründlich waschen, evtl. zerpflücken, dicke Stiele entfernen, den Spinat nochmals waschen, gut abtropfen lassen
150 g Champignons	putzen, waschen, in Scheiben schneiden
1 Bund Radieschen	putzen, waschen, vierteln oder achteln die drei Zutaten vermengen
150 g durchwachsenen Speck	in Würfel schneiden, auslassen, etwas abgekühlt über den Salat geben
	für die Salatsoße
200 g Roquefort	durch ein Sieb streichen, mit
1 Becher (150 g) Crème fraîche *2 Eigelb* *3–4 Eßl. Milch*	verrühren, mit
Salz *Pfeffer* *Zucker*	abschmecken den Salat sofort servieren, die Soße dazureichen.

Gefüllte Tomaten

Farbfoto auf Seite 105

4 große Tomaten	waschen, abtrocknen, einen Deckel abschneiden, die Tomaten aushöhlen, innen mit
Salz	
frisch gemahlenem Pfeffer	ausstreuen
100 g feine Fleischwurst	enthäuten, in kleine Würfel schneiden
5 Walnußkerne	grob hacken
1 kleinen Apfel	schälen, halbieren, entkernen, grob raspeln
2–3 Eßl. Kapern	
1 Teel. Meerrettich	
	die fünf Zutaten mit
200 g Magerquark	verrühren, in die Tomaten füllen, die Tomatendeckel aufsetzen die gefüllten Tomaten auf
gewaschenen Salatblättern	anrichten.
Beigabe:	Roggenbrot, Butter.

Salat Dolores

2 Avocados	halbieren, entkernen, schälen, in etwa ½ cm breite Streifen schneiden, mit
200 g Krabbenfleisch	in einer Salatschale anrichten
	für die Salatsoße
1 Becher (150 g) Crème fraîche	mit
2 Eßl. Tomaten-Ketchup	
1 Eßl. Portwein	
1 Teel. Essig-Essenz (25 %)	verrühren, mit
Salz	
Pfeffer	
Zucker	abschmecken, über die Salatzutaten geben
	den Salat mit
roten Kirschen	
Zitronenmelisse	garnieren.

Porree-Möhren-Salat

Farbfoto auf Seite 106

500 g Möhren	schrappen
100 g Sellerie	schälen
	beide Zutaten waschen, fein raspeln
1 kleine Stange Porree	putzen, den weißen Teil in sehr feine Ringe schneiden, gründlich waschen, abtropfen lassen
100 g Walnußkerne	grob hacken
	für die Salatsoße
Saft von 1 Zitrone	
1 Teel. Honig	
125 g Schlagsahne	verrühren, mit den Salatzutaten vermengen, auf
gewaschenen Salatblättern	anrichten.

Waldorfsalat

500 g Äpfel	schälen, halbieren, entkernen
1 kleine Sellerie-knolle (vorbereitet gewogen etwa 300 g)	schälen, waschen beide Zutaten grob raspeln
	für die Salatsoße
125 ml (1/8 l) Sahne	steif schlagen
2 Eßl. Salat-mayonnaise	unterrühren, mit
Salz *Pfeffer* *Zucker* *Zitronensaft*	abschmecken, mit den Salatzutaten,
50 g gehackten Walnußkernen	vermengen, den Salat mit
halbierten Walnuß-kernen	garnieren.

Erfrischende Zucchini

4 kleine Zucchini (etwa 600 g)	waschen, evtl. schälen, in dünne Scheiben schneiden
1 gut gehäuften Eßl. Zucker	mit
etwa 3 Eßl. Zitronensaft	verrühren, mit den Zucchini mischen, kalt stellen die Zucchini in 4 mit
gewaschenen, marinierten Salatblättern	ausgelegte Schälchen geben
	für die Salatsoße
50 g Doppelrahm-Frischkäse	mit
6–7 Eßl. Sahne	verrühren, über die Zucchini verteilen, mit
Paprika, edelsüß	bestreuen.

Brabanter Salat

2 Chicorée (etwa 200 g)	von den welken Blättern befreien, längs halbieren, den Strunk keilförmig herausschneiden den Chicorée waschen, in etwa $\frac{1}{2}$ cm breite Streifen schneiden, gut abtropfen lassen
1 Eßl. verlesene Rosinen	etwa 30 Minuten in
etwas lauwarmem Wasser	quellen lassen, abtropfen lassen
2 Äpfel	schälen, vierteln, entkernen, in dünne Scheiben schneiden, mit
Zitronensaft	beträufeln
125 g Mandarinenspalten (aus der Dose)	abtropfen lassen
250 g Gouda-Käse	in feine Streifen schneiden
	für die Salatsoße
1 Becher (150 g) Joghurt	mit
2 Eßl. Honig	
knapp $\frac{1}{2}$ Teel. scharfem Senf	
1–2 Eßl. Zitronensaft	
1 Eßl. Orangensaft	verrühren, mit
Salz	abschmecken, über die Salatzutaten gießen, etwa 15 Minuten durchziehen lassen, eine Glasschale mit
gewaschenen Salatblättern	auslegen, den Salat darin anrichten.

Bunter Schweizer Salat

(6 Portionen)

1 Kopf Salat	von den welken Blättern befreien, die anderen vom Strunk lösen, in mundgerechte Stücke zerpflücken, waschen, abtropfen lassen oder trockenschleudern
1 Salatgurke	waschen, abtrocknen, in dünne Scheiben schneiden
3–4 Tomaten	kurze Zeit in kochendes Wasser legen (nicht kochen lassen), in kaltem Wasser abschrecken, enthäuten, achteln, die Stengelansätze entfernen
10 gefüllte spanische Oliven	in Scheiben schneiden
2 hartgekochte Eier	pellen, in Scheiben oder Achtel schneiden
250 g Emmentaler Käse	in Würfel schneiden
	für die Salatsoße
1 Becher (150 g) Crème fraîche	mit
1–2 Teel. Essig-Essenz (25 %)	verrühren, mit
Salz Zucker geschrotetem weißem Pfeffer	abschmecken, mit den Salatzutaten vermengen
2–3 Eßl. gehackte Kräuter	unterheben, den Salat sofort servieren.

Scharfe Avocadosoße

1 Fleischtomate	überbrühen, enthäuten, halbieren, entkernen, in Würfel schneiden
1 große weiche Avocado	halbieren, den Kern entfernen und das Fruchtfleisch mit einem Löffel herausheben, mit einer Gabel grob zerdrükken
1 kleine Zwiebel	abziehen, feinhacken
1 hartgekochtes Ei	pellen, feinhacken
6 Eßl. Olivenöl	mit
2 Eßl. Essig	
½ Teel. Sambal Oelek	
1 Teel. Salz	verrühren, Tomatenstücke, Avocadomus, Zwiebel- und Eiwürfel,
1 Eßl. gehackte Petersilie	darunterrühren, evtl. noch mit Salz abschmecken.
Tip:	Schmeckt sehr gut zu gegrilltem Fleisch oder zu rohem Gemüse.

Fleischtomaten, pikant gefüllt

	Für die Kräutercreme
250 g Frischkäse	mit
3 Eßl. Milch	cremig rühren, mit
Salz	
Pfeffer	abschmecken
6 Eßl. gehackte Kräuter (Petersilie, Kerbel, Dill)	unterrühren
	für die Paprikacreme
250 g Frischkäse	mit
4 Eßl. Milch	cremig rühren
1–2 Teel. Paprika, edelsüß	unterrühren, mit
Salz	
frisch gemahlenem weißem Pfeffer	abschmecken
	für die Anchoviscreme
etwa 50 g Anchovis (Sardellen, aus dem Glas)	abtropfen lassen, fein hacken, mit
250 g Frischkäse	verrühren, mit
frisch gemahlenem schwarzem Pfeffer	abschmecken
12 große Fleischtomaten	waschen, abtrocknen, das obere Drittel als Deckel abschneiden, die Tomaten aushöhlen jeweils vier Tomaten mit einer der Cremes füllen, auf einer mit
Salatblättern	belegten Platte anrichten.
Tip:	Vollkornbrot und Butter dazu reichen.

Avocadopaste

Farbfoto auf Seite 107

1 Bund glatte Petersilie	abspülen, trockentupfen, grob zerhakken
1 Schalotte	abziehen, mit der Petersilie im Mixer feinhacken
1 weiche Avocado	schälen, halbieren, entkernen
1 hartgekochtes Ei	pellen, halbieren, ½ Eigelb beiseite legen
	beide Zutaten mit
1 Eßl. Créme double	
Saft von 1 Zitrone	in den Mixer zu Petersilie und Schalotte geben und zu einer geschmeidigen, glatten Paste pürieren, mit
Salz	
Cayennepfeffer	abschmecken
30 g Kapern	abgetropft daruntermischen, das zurückgelassene Eigelb hacken, darübergeben.
Tip:	Die Creme mit würzigen Cräckern, Staudensellerie, Chicoréeblättern, Fenchel oder Möhrenstreifen servieren.

Champignon-Radieschen-Feldsalat

Farbfoto auf Seite 109

250 g Champignons	putzen, waschen, in Scheiben schneiden
	für die Marinade
3 Eßl. Essig	mit
1 Eßl. Salatöl	verrühren, mit
Salz	
Pfeffer	
Zucker	abschmecken die Champignons mit der Marinade vermengen von
1 Bund Radieschen (250 g mit Grün)	Wurzeln und Blätter abschneiden, die Radieschen waschen, in Scheiben schneiden von
100 g Feldsalat (Rapunzeln)	die Wurzelenden abschneiden, fehlerhafte Blätter entfernen, größere Blätter evtl. einmal durchschneiden den Salat gründlich waschen, gut abtropfen lassen
	für die Salatsoße
1½ Becher (225 g) Crème fraîche (30 % Fett)	mit
1 schwach gehäuften Eßl. Tomaten-Ketchup	
1 Eßl. Milch (3,5 % Fett)	verrühren, mit
Salz	

Pfeffer	
Zucker	abschmecken
2 Eßl. feingeschnittenen Schnittlauch	unterrühren
	Radieschen, Feldsalat und Champignons in eine Salatschüssel schichten, die Soße darüber verteilen.

Möhren-Apfel-Salat

500 g Möhren	putzen, schrappen, waschen
250 g Äpfel	schälen, vierteln, entkernen
	beide Zutaten raspeln
	für die Salatsoße
2–3 Eßl. Zitronensaft	mit
1 Teel. Salatöl	
Salz	
Zucker	verrühren
	Möhren und Äpfel mit der Soße vermengen
	den Salat mit Salz, Zucker abschmekken.

Papaya mit Schinken

1 reife Papaya (etwa 500 g)	schälen, halbieren, die Kerne herauskratzen und entfernen, die Frucht in schmale Scheiben schneiden und auf Portionstellern anrichten, mit dem
Saft von ½ Zitrone	beträufeln, mit
frisch gemahlenem Pfeffer	bestreuen
100 g Parmaschinken	auf den Papayascheiben anrichten.
Tip:	Frisch gehobelten Parmesankäse oder Gorgonzola mit Walnußkernen dazu reichen.

Bulgarischer Zucchinisalat

Farbfoto auf Seite 108

250 g Zucchini	
4 Tomaten	waschen, abtrocknen, in Scheiben schneiden (Stengelansätze der Tomaten herausschneiden)
2 grüne Paprikaschoten (etwa 300 g)	vierteln, entstielen, entkernen, die weißen Scheidewände entfernen, die Schoten waschen, in Streifen schneiden
1 Zwiebel	abziehen
8–10 Oliven	
	beide Zutaten in dünne Scheiben schneiden
	für die Salatsoße
4 Eßl. Salatöl	mit
2 Eßl. Kräuter-Essig	
1/2 Teel. Senf	verrühren, mit
Salz	
Pfeffer	
Zucker	würzen
1 Eßl. feingeschnittenen Schnittlauch	
1 Eßl. feingehackten Dill	unterrühren, mit den Salatzutaten vermengen
2 hartgekochte Eier	pellen, achteln
150 g bulgarischen Schafskäse	zerbröckeln, die Hälfte des Käses und die Eier vorsichtig mit dem Salat vermengen, den restlichen Käse darüber streuen.
Beigabe:	Sesam-Fladenbrot.

Korsischer Tomatensalat

6 große Tomaten	waschen, abtrocknen, die Stengelansätze herausschneiden, die Tomaten in Scheiben schneiden, auf einer Platte anrichten
2 Zwiebeln	abziehen, fein würfeln
4 Knoblauchzehen	abziehen, in dünne Scheiben schneiden
	beide Zutaten mit
1 Bund gehackter Petersilie	
3 Eßl. Kapern	
10 schwarzen Oliven	
4 Eßl. Olivenöl	über die Tomatenscheiben geben, mit
Salz	
Pfeffer	würzen.
Beigabe:	Frischer (oder eingelegter) Ziegenkäse, Brot.

Spanischer Salat

Farbfoto auf Seite 110

1 kleine Gemüse-zwiebel (200 g)	abziehen, in Scheiben schneiden, in Ringe teilen, in eine Schüssel geben, mit
Salz	bestreuen, von
1 Kopfsalat	die äußeren Blätter entfernen, die übrigen vom Strunk lösen, die großen Blätter teilen, die Herzblätter ganz lassen den Salat waschen, abtropfen lassen
2 große Tomaten	waschen, abtrocknen, die Stengelansätze herausschneiden, die Tomaten in Scheiben schneiden die drei Zutaten vermengen, mit
2 Eßl. Weinessig *5 Eßl. Olivenöl*	beträufeln, gut vermengen.

Griechischer Bauerncocktail

	Farbfoto auf Seite 111
	Von
1/2 Kopf Salat	die welken Blätter entfernen, die anderen vom Strunk lösen, die großen Blätter teilen, die Herzblätter ganz lassen den Salat waschen, gut abtropfen lassen oder trockenschleudern
1 Zwiebel	abziehen, in Ringe schneiden
1/2 Salatgurke	waschen, abtrocknen, in feine Scheiben schneiden, evtl. halbieren
4 Tomaten	waschen, abtrocknen, in Achtel schneiden, die Stengelansätze entfernen
8 Sardellenfilets (aus der Dose)	unter fließendem kaltem Wasser abspülen, trockentupfen
125 g Schafskäse	zerbröckeln
	für die Cocktailsoße
1 Becher (150 g) Crème fraîche	verrühren
1 abgezogene, zerdrückte Knoblauchzehe	
3–4 Eßl. feingeschnittenen Schnittlauch	unterrühren, mit
Salz	
Pfeffer	abschmecken die Cocktailzutaten in 4 Cocktailgläsern anrichten, mit der Soße übergießen, mit
schwarzen Oliven	garnieren.
Beigabe:	Graubrot.

Paprikasalat mit Schafskäse

3 grüne Paprikaschoten (etwa 400 g)	halbieren, entstielen, entkernen, die weißen Scheidewände entfernen, die Schoten waschen, in Streifen schneiden
400 g Tomaten	kurze Zeit in kochendes Wasser legen (nicht kochen lassen), in kaltem Wasser abschrecken, enthäuten, achteln, die Stengelansätze entfernen
2–3 Gemüsezwiebeln (etwa 400 g)	abziehen, halbieren, in Scheiben schneiden
	die Zutaten in einer Salatschale anrichten
200 g Schafskäse	zerbröckeln, darüber verteilen
	für die Salatsoße
3 Eßl. Salatöl	mit
1 Teel. Essig-Essenz (25 %)	
4 Teel. Wasser	verrühren, mit
Salz	
Pfeffer	abschmecken, über die Salatzutaten geben, durchziehen lassen, den Salat vor dem Servieren mit
2 Eßl. feingeschnittenem Schnittlauch	bestreuen.

Tomatensalat

750 g Tomaten	waschen, abtrocknen, in Scheiben schneiden, die Stengelansätze entfernen
	für die Salatsoße
1–2 Zwiebeln	abziehen, in Würfel schneiden, mit
4–5 Eßl. Salatöl *1 Teel. Essig-Essenz (25 %)* *4 Teel. Wasser* *2 Eßl. gehackten Kräutern (z.B. Petersilie, Dill, Schnittlauch)*	verrühren, mit
Salz *Pfeffer* *Zucker*	abschmecken die Tomaten abwechselnd lagenweise mit der Soße in eine Glasschale schichten.

Salat Côte d'Azur

3 Tomaten	waschen, abtrocknen, achteln, die Stengelansätze entfernen
1 Paprikaschote	halbieren, entstielen, entkernen, die weißen Scheidewände entfernen, die Schote waschen, in Streifen schneiden
1 Zwiebel	abziehen, in Ringe schneiden
1 Kopf Salat	von den welken Blättern befreien, die anderen vom Strunk lösen, die großen Blätter teilen, den Salat waschen, abtropfen lassen oder trockenschleudern, zerpflücken
4 spanische Oliven (mit Paprika gefüllt)	in Scheiben schneiden
	für die Salatsoße
3 Eßl. Salatöl	mit
1 Teel. Essig-Essenz (25 %)	
1 Teel. Salz	
½ gestrichenen Teel. Currypulver	
Senf	verrühren, mit
Pfeffer	
Zucker	abschmecken, mit den Salatzutaten vermengen, den Salat durchziehen lassen.

Möhrenrohkost mit Früchten

375 g Möhren	putzen, schrappen, waschen, grob raspeln
250 g Äpfel	waschen, vierteln, entkernen, in Stifte schneiden
250 g Weintrauben	waschen, halbieren, entkernen
	für die Salatsoße
1 Becher (150 g) Joghurt	mit
2 Eßl. Zitronensaft	
1 Teel. Honig	verrühren, mit
Salz	
Zucker	
gemahlenem Zimt	
gemahlenen Nelken	abschmecken, mit den Salatzutaten vermengen, gut durchziehen lassen, den Salat eventuell mit Zitronensaft, Salz, Zucker abschmecken.

S. 105: Gefüllte Tomaten (Rezept auf S. 84)
S. 106: Porree-Möhren-Salat (Rezept auf S. 86)
S. 107: Avocadopaste (Rezept auf S. 93)
S. 108: Bulgarischer Zucchinisalat (Rezept auf S. 97)

Kopfsalat (Grüner Salat)

	Von
1 großen Kopf Salat	die welken Blätter entfernen, die anderen vom Strunk lösen, die großen Blätter teilen, die Herzblätter ganz lassen den Salat in reichlich Wasser gründlich waschen, aber nicht drücken, gut abtropfen lassen oder in einem Tuch oder Drahtkorb trockenschleudern
	für die Salatsoße
8 Eßl. Sahne	mit
2 Teel. Zitronensaft	etwas anschlagen, mit
Salz	
Pfeffer	
Zucker	abschmecken
2 Eßl. gehackte Kräuter (z.B. Petersilie, Schnittlauch)	unterrühren, den Salat kurz vor dem Anrichten mit der Soße vermengen.

S. 109: Champignon-Radieschen-Feldsalat (Rezept auf S. 95)
S. 110: Spanischer Salat (Rezept auf S. 99)
S. 111: Griechischer Bauerncocktail (Rezept auf S. 100)
S. 112: Beerensalat (Rezept auf S. 120)

Eisbergsalat Thessa

(4–6 Portionen)

	Von
1 Kopf Eisbergsalat	evtl. welke Blätter entfernen, die anderen vom Strunk lösen, in mundgerechte Stücke zerpflücken, waschen, gut abtropfen lassen oder trockenschleudern
3 Orangen	schälen
1 Apfel	schälen, vierteln, entkernen
	beide Zutaten in Stücke schneiden, den Apfel mit
Zitronensaft	beträufeln
150 g blaue Weintrauben	waschen, halbieren, entkernen
½ Kästchen Kresse	putzen, waschen, abtropfen lassen
	für die Salatsoße
4 Eßl. Sahne	mit
2 Eßl. Zitronensaft	verrühren, mit
Salz	
Pfeffer	
Zucker	abschmecken, mit den Salatzutaten vermengen
	den Salat sofort servieren.

Brunnenkressesalat

	Von
150 g Brunnenkresse	die gelben Blätter entfernen, die Brunnenkresse waschen, abtropfen lassen
	für die Salatsoße
6 Schalotten oder 1 kleine Zwiebel	abziehen, halbieren, in Scheiben schneiden, mit
2–3 Eßl. Salatöl 1 Teel. Essig-Essenz (25 %) 4 Teel. Wasser	verrühren, mit
Salz Pfeffer Zucker	abschmecken
2 Eßl. gehackte Kräuter (z.B. Petersilie, Pimpinelle, Schnittlauch)	unterrühren, mit der Brunnenkresse vermengen
1–2 hartgekochte Eier	pellen, hacken, über den Salat streuen, sofort servieren.

Peters Salat

2 Orangen	schälen, in Spalten teilen
1 Bund Radieschen	putzen, waschen, achteln
150 g Feldsalat	putzen, waschen, gut abtropfen lassen oder trockenschleudern
2 Möhren	schrappen, waschen, in sehr dünne Scheiben schneiden
1 kleine Stange Porree	putzen, waschen, in sehr dünne Ringe schneiden, evtl. nochmals waschen, gut abtropfen lassen
2 Chicorée	von den schlechten Blättern befreien, längs halbieren, den Strunk keilförmig herausschneiden, die Chicorée waschen, in dünne Streifen schneiden die Salatzutaten abwechselnd in 4 hohe Gläser schichten
	für die Salatsoße
1 Becher (150 g) Crème fraîche	mit
3 Eßl. Tomaten-Ketchup *½ Teel. geriebenem Meerrettich (aus dem Glas)*	verrühren, mit
Salz *frisch gemahlenem Pfeffer* *einigen Tropfen Tabasco* *1–2 Eßl. Weinbrand*	abschmecken die Soße über den Salat geben.

Obstgerichte

Kiwisalat

4 Kiwis	dünn schälen, in Scheiben schneiden
375 g Erdbeeren	waschen, gut abtropfen lassen, entstielen, vierteln
2 Pfirsiche	kurze Zeit in kochendes Wasser legen (nicht kochen lassen), in kaltem Wasser abschrecken, enthäuten, halbieren, entsteinen, in Spalten schneiden
	für die Salatsoße
3–4 Eßl. Orangensaft	mit
1–2 Eßl. Zitronensaft	
2 Eßl. Grand Marnier	
1–2 gestrichenen Eßl. Zucker	verrühren, in einem kleinen Topf erhitzen, bis sich der Zucker gelöst hat, abkühlen lassen die noch lauwarme Salatsoße mit den Salatzutaten vermengen, etwas durchziehen lassen.
Beigabe:	Leicht geschlagene Sahne, mit Grand Marnier abgeschmeckt.

Beerensalat

Farbfoto auf Seite 112

750 g Beeren (vorbereitet gewogen, Erdbeeren Johannisbeeren Stachelbeeren Himbeeren Brombeeren Heidelbeeren)	mit
etwa 50 g Zucker *3–4 Eßl. Himbeergeist*	vermengen, gut durchziehen lassen, den Beerensalat in vier Glasschälchen geben
250 ml (1/4 l) Sahne	steif schlagen, in einen Spritzbeutel mit gezackter Tülle füllen, auf jede Portion einen großen Sahnetuff spritzen.

Bunter Fruchtsalat

100 g Johannisbeeren *100 g Himbeeren* *100 g Erdbeeren*	
	die Beerenfrüchte vorsichtig waschen, abtropfen lassen, entstielen, nach Belieben mit
Zucker	süßen
1 Banane	schälen, in dünne Scheiben schneiden
1 Apfel (etwa 100 g)	waschen, abtrocknen, das Kerngehäuse mit einem Apfel-Ausstecher ausstechen, den Apfel in Scheiben schneiden die Beerenfrüchte auf Dessertteller verteilen dazwischen die Apfelscheiben anordnen die Bananenscheibe und
100 kalifornische Rosinen	darüber geben
	für die Salatsoße
1 Becher (150 g) Crème fraîche	mit
1 Eßl. Zucker *etwas abgeriebener Zitronenschale (unbehandelt)* *1–2 Eßl. Zitronensaft*	verrühren, über die Früchte geben die Salatportionen mit
Erdbeeren *Johannisbeertrauben*	garnieren.

Melonen-Himbeer-Salat mit Vanilleeis

(6 Portionen)

	Von
1/2 Wassermelone (500–750 g)	das Fruchtfleisch aus der Schale lösen, entkernen, in etwa 2 × 2 cm große Würfel schneiden, mit
3–4 Eßl. Himbeergeist	beträufeln, etwa 1 Stunde zugedeckt kalt stellen
250–375 g Himbeeren	sorgfältig verlesen, mit
50 g Zucker	bestreuen, zugedeckt etwa 30 Minuten kalt stellen
300 g Vanilleeis	in Würfel schneiden, mit den Melonenwürfeln und den Himbeeren vorsichtig vermengen, in die Melonenhälfte füllen, mit
20 g gehackten Pistazien	bestreuen, sofort servieren.

Feine Fruchtschale

1 Avocado	halbieren, entkernen, schälen, in Würfel schneiden
1 Birne	schälen, vierteln, entkernen, in Scheiben schneiden
	beide Zutaten mit
Orangensaft	beträufeln
1 Orange	schälen, halbieren, in Scheiben schneiden
250 g blaue Weintrauben	waschen, halbieren, entkernen
etwa 150 g Ananasstücke (aus der Dose)	abtropfen lassen
	die Zutaten mit
50–75 g Zucker	
2 Eßl. Grand Marnier	vermengen, in einer Glasschale anrichten, etwa 1 Stunde zugedeckt kalt stellen.
Beigabe:	250 ml (1/4 l) steifgeschlagene Sahne.

Johannisbeeren mit Eierlikör

500 g Johannisbeer-trauben	waschen, gut abtropfen lassen, entstielen, mit
75 g Zucker	
1 Päckchen Vanillin-Zucker	
4 Eßl. Eierlikör	vermengen, gut durchziehen lassen, in eine Glasschale oder in Gläser füllen
250 ml (1/4 l) Sahne	etwas anschlagen, kurz vor dem Servieren über die Johannisbeeren geben.

Obstsalat mit Cream Sherry

3 Scheiben Ananas (aus der Dose)	abtropfen lassen, in Stücke schneiden
4 halbe entsteinte Pfirsiche	in Spalten schneiden
3 Kiwis	
1 Banane	
	beide Zutaten schälen, in Scheiben schneiden
200 g Erdbeeren	waschen, gut abtropfen lassen, entstielen
200 g grüne Weintrauben	waschen, abtrocknen
	beide Zutaten halbieren, die Weintrauben entkernen
	die Früchte in eine Schale oder in ein großes Glas geben, vermengen, mit
1 Eßl. Zucker	bestreuen
4 Eßl. Cream Sherry	darüber geben, etwa ½ Stunde zugedeckt stehen lassen
	kurz vor dem Servieren
1 Eßl. gehackte Pistazien	über den Obstsalat streuen.

Kirsch-Apfel-Salat mit Joghurtsoße

500 g Süßkirschen	waschen, abtropfen lassen, entstielen, entsteinen
2 saure Äpfel	schälen, vierteln, entkernen, in dünne Scheiben schneiden, zu den Kirschen geben, mit
75 g Zucker	vermengen
	für die Joghurtsoße
125 ml (1/8 l) Sahne	½ Minute schlagen
1 Päckchen Vanillin-Zucker	mit
1 Päckchen Sahnesteif	mischen, unter ständigem Schlagen einstreuen, die Sahne steif schlagen
2 Eßl. Zitronensaft	
1 Becher (150 g) Joghurt	unterrühren
	das Obst in eine Glasschale oder in Portionsschälchen füllen, die Soße darüber verteilen.

Bunter Obstsalat

250 g Erdbeeren	waschen, gut abtropfen lassen, entstielen, evtl. halbieren oder vierteln
2 große Pfirsiche	kurze Zeit in kochendes Wasser legen (nicht kochen lassen), in kaltem Wasser abschrecken, enthäuten, halbieren, entsteinen, vierteln, in Spalten schneiden
1 große Banane	abziehen, längs halbieren, in Scheiben schneiden
2 kleine Äpfel	schälen, vierteln, entkernen, in Spalten schneiden
	beide Zutaten mit
Zitronensaft	beträufeln
2 Scheiben Ananas (aus der Dose)	gut abtropfen lassen, in Stücke schneiden
50 g Walnußkerne	hacken
75 g Zucker	
	die Zutaten miteinander vermengen, mit Zitronensaft abschmecken, in eine Glasschale geben
	für die Joghurtsoße
125 ml (1/8 l) Sahne	etwa 1/2 Minute schlagen
1 Päckchen Vanillin-Zucker	mit
1 Päckchen Sahnesteif	mischen, unter ständigem Schlagen einstreuen, die Sahne steif schlagen
1 Becher (150 g) Joghurt	
1 Eßl. Zitronensaft	
	beide Zutaten unter die Sahne rühren, die Soße über das Obst geben.

Barbecuesalat

	Eine große Porzellanplatte mit
gewaschenen Salatblättern	belegen, mit
Zitronensaft	beträufeln
2 Pfirsiche	kurze Zeit in kochendes Wasser legen (nicht kochen lassen), in kaltem Wasser abschrecken, enthäuten, halbieren, entsteinen, in Stücke schneiden
2 Bananen	schälen, in Scheiben schneiden
2 Äpfel	schälen, achteln, entkernen beide Zutaten mit Zitronensaft beträufeln
2 Tomaten	kurze Zeit in kochendes Wasser legen, in kaltem Wasser abschrecken, enthäuten, achteln, die Stengelansätze entfernen
1 Stück Salatgurke	waschen, abtrocknen, in Scheiben schneiden
2 Orangen	schälen, halbieren, in Scheiben schneiden
grüne und schwarze Oliven	
	die Salatzutaten auf den Salatblättern anrichten
	für die Salatsoße
1–2 Becher (150 bis 300 g) Crème fraîche	mit
2–3 Eßl. Zitronensaft	verrühren, mit
Salz	
Zucker	abschmecken, die Soße über die Salatzutaten geben, sofort servieren.

Geeiste Weintrauben

250 g grüne Weintrauben *250 g blaue Weintrauben*	
	die Weintrauben waschen, entstielen, halbieren, entkernen, mit
75 g Zucker *1 Päckchen Vanillin-Zucker*	vermengen Wassereis aus dem Kühlschrank in sehr kleine Stücke schlagen, 4 Sektschalen zur Hälfte damit füllen, die Weintrauben auf das Eis geben
8 Eßl. Himbeergeist	über die Portionen verteilen die geeisten Weintrauben mit Trinkhalm und Barlöffel servieren.

Exotischer Salat

4 Kiwis	dünn schälen, in Scheiben schneiden
1 Netzmelone	halbieren, entkernen, aus dem Melonenfleisch mit einem Kugelausstecher Kugeln ausstechen oder es in Würfel schneiden
	die Zutaten mit
50–75 g Zucker	
etwas Himbeergeist	vermengen, in eine Glasschale geben etwa 1 Stunde zugedeckt kalt stellen
	für die Salatsoße
250 ml (1/4 l) Sahne	etwas anschlagen
2 Eßl. Himbeergeist	unterrühren
	die Soße über das Obst geben.

Melonencocktail, pikant

1 Honig-, Netz- oder Zuckermelone	waschen, abtrocknen, quer halbieren, entkernen das Fruchtfleisch mit einem Kugelausstecher ausstechen, mit
2 Eßl. Calvados	beträufeln, zugedeckt kurze Zeit stehen lassen
125 g Katenrauchschinken	in kleine Stücke schneiden, zu den Melonenkugeln geben
	für die Salatsoße
1 Becher (150 g) Crème fraîche	verrühren, mit den Salatzutaten vermengen, mit
Zucker *Pfeffer* *Zitronensaft*	abschmecken, in die ausgehöhlten Melonenhälften füllen den Cocktail mit
Dillzweigen	garnieren gut gekühlt servieren.

Melonensalat spezial

(6 Portionen)

1 Honigmelone	waschen, abtrocknen, halbieren (evtl. im Zickzack-Schnitt), entkernen, aushöhlen
	das Melonenfleisch in Würfel schneiden
4 Eßl. Himbeergeist	mit
1–2 Eßl. Zitronensaft	
Zucker	verrühren, über das Melonenfleisch geben, gut durchziehen lassen
1–2 Birnen	schälen, halbieren, entkernen, in Würfel schneiden
300 g Himbeeren	verlesen
etwa 350 g Ananasstücke (aus der Dose)	abtropfen lassen
2 Eßl. Preiselbeerkompott (nach Belieben)	
	die Zutaten mit dem Melonenfleisch vermengen, mit
Zucker	abschmecken
3–4 Eßl. Weißwein	darüber geben
	den Salat in die Melonenhälften füllen, eisgekühlt servieren.

Obstsalat

2 Äpfel	schälen, vierteln, entkernen
1 Mango	schälen, halbieren, entkernen
1 Nektarine	
1 Pfirsich	waschen, abtrocknen, halbieren, entkernen
1 Kiwi	
1 Banane	schälen, das Obst in kleine Stücke (Banane in Scheiben) schneiden
100 g Sauerkirschen	waschen, gut abtropfen lassen, entstielen, entsteinen
100 g Erdbeeren	waschen, gut abtropfen lassen, entstielen, in Stücke schneiden
100 g Himbeeren	sorgfältig verlesen, das Obst mit
3 Eßl. Zitronensaft	
2 Eßl. Zucker	vermengen.
Beigabe:	Schlagsahne.

Diplomatensalat

500 g Tomaten	waschen, abtrocknen, die Stengelansätze herausschneiden, die Tomaten halbiere, entkernen
500 g Birnen	schälen, vierteln, entkernen beide Zutaten in kleine Würfel schneiden, mit
2–3 Eßl. Weinbrand	beträufeln
	für die Salatsoße
4 Eßl. Schlagsahne	steif schlagen
2 Eßl. Salatmayonnaise	unterrühren, mit
Salz *Pfeffer*	würzen, mit den Salatzutaten vermengen den Salat mit
gehackten Walnußkernen	bestreuen.

Erdbeeren à la Piemont

750 g Erdbeeren	waschen, gut abtropfen lassen, entstielen
2 Orangen	schälen, halbieren, in dünne Scheiben schneiden
	beide Zutaten mit
75–100 g Zucker	vermengen, in eine Glasschale füllen
150 ml herben Weißwein	über das Obst gießen, mit
etwa 50 g abgezogenen, gehobelten, gebräunten Mandeln	bestreuen
	die Schale auf
zerstoßenem Wassereis	anrichten.
Beigabe:	Mandel- oder Butterkekse.

Apfelsalat mit Johannisbeeren

500 g Äpfel	schälen, vierteln, entkernen, in kleine Würfel schneiden, mit
1–2 Eßl. Zitronensaft	beträufeln
500 g rote Johannisbeeren	waschen, gut abtropfen lassen, entstielen, mit den Apfelwürfeln,
125 ml (1/8 l) saurer Sahne	
75 g Zucker	
1 Päckchen Vanillin-Zucker	vermengen nach Belieben
abgezogene, gehackte Mandeln	unterheben, sofort servieren.

Beerenschale

150 g Heidelbeeren	
150 g rote Johannisbeeren	
150 g Brombeeren	die Beeren verlesen, waschen, gut abtropfen lassen, Johannisbeeren entstielen
150 g Erdbeeren	waschen, gut abtropfen lassen, entstielen, in Scheiben oder Viertel schneiden, das Obst vorsichtig mit
75 g gesiebtem Puderzucker	
2–3 Eßl. Zitronensaft	
2 Eßl. Grand Marnier	vermengen, zugedeckt etwas durchziehen lassen
	die Beeren in 4 Schälchen anrichten.

Obstsalat mit Likörsoße

2 Bananen	schälen, in Scheiben schneiden
2 Äpfel	schälen, vierteln, entkernen, in Stücke schneiden
	beide Zutaten mit
2 Eßl. Zitronensaft	beträufeln
125 g Weintrauben	waschen, halbieren, entkernen
2 Orangen	schälen, in Stücke schneiden
4 Aprikosen	waschen, entsteinen, in Spalten schneiden
50 g Zucker	
	die Zutaten miteinander vermengen, in eine Glasschale geben
	für die Likörsoße
1 Becher (150 g) Crème fraîche	mit
2–3 Eßl. Orangenlikör	verrühren
30 g Haselnußkerne	in Scheiben schneiden, unterrühren, die Soße über das Obst geben.

Rezeptverzeichnis